这样
教孩子合作、分享，
孩子才善良、有爱心

LEARNING TO LISTEN, LEARNING TO CARE

〔美〕劳伦斯·夏皮罗　著

李　昊　译

辽海出版社

图书在版编目（CIP）数据

这样教孩子合作、分享，孩子才善良、有爱心 /
（美）夏皮罗著；李昊译. -- 沈阳：辽海出版社，
2014.12
　ISBN 978 - 7 - 5451 - 3194 - 9

　Ⅰ.①这… Ⅱ.①夏… ②李… Ⅲ.①儿童教育 - 家
庭教育 Ⅳ.①G78

中国版本图书馆 CIP 数据核字（2015）第 004175 号

辽宁省版权局著作权合同登记：图字 06 - 2014 - 216

Learning to Listen, Learning to Care: A Workbook to Help Kids Learn Self - control
& Empathy
Copyright©2010 by Lawrence Shapiro
This edition arranged with New Harbinger publications
Through Big Apple Agency
Simplified Chinese edition copyright:
©2014 Liaohai Publishing House
All rights reserved.

责任编辑：刘波
责任校对：汉风
装帧设计：杜帅

出版者：辽海出版社
　　地　　址：沈阳市和平区十一纬路 25 号
　　邮政编码：110003
　　电　　话：024 - 23284469
　　E - mail：dyh550912@163.com
印刷者：香河县宏润印刷有限公司
发行者：辽海出版社

幅面尺寸：170mm × 240mm
印　　张：9
字　　数：100 千字

出版时间：2015 年 5 月第 1 版
印刷时间：2015 年 5 月第 1 次印刷
定　　价：29.80 元

目录
Contents

Contents

写给家长的话

A Note To Parents ·····················

　　现在的孩子，很多都有行为上的毛病和问题。这些问题有的可能是一些无伤大雅的小问题，比方说：不爱讲话或者不听从家长的话，不配合家长的工作；也有的可能就是一些比较严重的问题，例如爱乱发脾气或者会攻击其他的小朋友。

　　或许，你已经听说过或者读过一些矫正孩子行为的标准建议或教导。确实，对于如何教育这些有行为问题的孩子，我们有一些基础的规则，包括：

- 找出孩子这些行为的问题所在

- 对孩子有坚定的原则以及在这个年龄上的期望

- 对好的行为给予表扬和鼓励

- 成为一个好的行为典范

- 对于错误、不恰当的行为给予合适的惩罚（例如，停止他的一些特权）

　　这些规则通常都会非常有效，但是本书又增加了一些新的帮助孩子更改错误行为的方法。书中的这些活动将会帮助你教会孩子在情感、社会以及行为方面所需要的技巧，让他们变得更加善良、耐心、容忍和合作。

本书中的这些活动与专业顾问运用的方法很相似，能帮助孩子们克服在日常行为上存在的问题。这些活动能教会孩子管理自己的愤怒，教会他更好地理解和关心别人，体会到帮助和给予的价值，当然还有一些其他能力。每一个活动都会教给你的孩子一种新的情商技巧，而且一旦他们学会了，这些能力和技巧将不仅能提高他在家庭中的行为，而且会帮助他结交一些新的朋友，培养新的习惯，最终使他在学业上和工作上获得成功。

对于孩子们来说，学习情商技巧就如同他们学习学术知识或体育技巧一样，需要不断地练习和鼓励。在学习本书的过程中，孩子很有可能需要你的指导，当然他也需要你的鼓励和支持。

在帮助孩子的过程中，你可能会发现孩子很难把一些事情讲清楚。如果他不想讲，绝对不要逼迫他。而让孩子们敞开心扉的最好方法就是，让自己成为一个好榜样，并作为他们学习的对象。在每一个活动中，你可以将自己的有关想法、感受还有经验跟他们分享，尤其要强调你处理这些问题的积极方式。即使孩子对你的故事并没有给予评价或者回应，但你所讲述的每一句话都会对他的行为有很大的影响。

本书的目的在于帮助那些有行为问题的孩子，但同时你的孩子可能也会需要一些其他的辅助指导和帮助。对于孩子的这些错误行为，出现的原因有很多，一个彻底的评估将会帮助你准确地找到应对方法。如果你非常担心孩子的行为，我强烈推荐你快去寻求帮助。孩子们错误的行为习惯将会引起周边人的消极反应，这些都可能导致孩子产生更多的不良行为。你矫正孩子不良行为的速度越快，你的孩子就会越容易学习新的积极行为。如果你的孩子需要专业的帮助，或者你需要一些指导，你将会从本书中获益良多。你还可以将这本书给你的心理咨询师看看，或许他会在如何最大限度地发挥本书的价值方面给你一些其他的意见和想法。

　　只要对孩子保持足够的耐心和充分的尊重，那么你在使用本书时就不会犯错误。父母在教育孩子的时候会有一些非常艰难的时刻，但是我希望本书为应对这些令人棘手的不良行为而定制的积极处理方法将会对你有一些帮助。

作者敬上

写给小朋友的话

Introduction for Kids ······························

亲爱的小朋友：

你好！我敢打赌说，从你记事那天起就一直有人在你身边唠叨着告诉你如何按他们的要求做；我还敢打赌，他们也没能用你喜欢的方式告诉你应如何去做。

你的父母有对你大吼大叫过吗？你有没有因为没完成他们让你做的事而被惩罚过呢？你的老师是否让你为难过呢？你曾经在放学后不得不接受留校处分或者去校长室报道过吗？你的朋友有没有对你发过脾气呢？你有没有希望其他人都远远走开，只留下你一个人呢？

如果对于上面的问题，你的答案有一个是肯定的，那这本书就肯定可以帮助到你。

这是一本教你如何做事才能够让那些挑剔你的人满意你的书；这是一本教你怎样才能够变得和别人更加亲近的书；这是一本让你能够对自己更加自信的书。

现在，你或许在想别人为什么要为难你或者不给你好脸色看并不是你的错，而是他们自己不好。但是，事情的真相却是当人们互相不满意的时候，问题就不仅仅是一个人的了，而是每一个人都有责任；另外一个真相就是，你并不能够改变其他人的行为习惯，但是你可以改变你自己的。而如何改变，正是这本书要教你的。

我当然也希望你们会觉得这本书中的大多数活动是非常有趣和好玩的。当然，改变一个人的习惯并没有那么简单和容易，但是我希望这本书会将它变得简单一点。

祝你们好运。

作者

说出你的感受

我们都希望他人，特别是爸爸妈妈们可以理解我们的感受，并且以我们期望的方式对待我们。

比如说，小乔尼今天在学校过得糟透了。他和小亚瑟打了一架，老师狠狠地批评了他，而且他的读书笔记也得了低分。当他回到家时，妈妈看到他很高兴，热烈地拥抱了他，同时说道："嗨，宝贝，要来点妈妈刚做好的布朗尼蛋糕吗？"

但是小乔尼心情实在是太糟了，他不想被拥抱，对布朗尼蛋糕也没有一点兴趣，甚至连妈妈快乐的模样都刺激到了他。

他大叫道："就不能让我一个人待着吗！"

小乔尼的妈妈被他的反应吓到了，很是伤心。然后她也生气了，说道："好吧，如果你想的话，就回自己的房间一个人待着好了。"

小乔尼回到了自己的房间，他现在也生妈妈的气了。他和妈妈在接下来的整个晚上都闷闷不乐。

如果小乔尼一开始就说："今天糟透了，我心情很不好。"事情也许会变得更好。他的妈妈可能就会知道他今天为什么会这样，甚至会让他把他的坏心情说出来，而跟妈妈倾诉这糟糕的　天后，他很有可能会感觉好些。

你的任务：开始说出你的感受，而不是指望别人读懂你的心思。

你要去做的

很多孩子觉得绘画可以更好地表现他们的感受。接着他们可以解释他们都画了些什么。在下面的空白处，把你现在的感受统统画出来吧。然后讲讲是什么让你有了这样的感受。

更多要做的……

哪三件事总让你感到快乐？

1.＿＿＿＿＿＿＿＿＿＿＿＿＿＿＿＿＿＿＿＿＿＿＿＿＿

2.＿＿＿＿＿＿＿＿＿＿＿＿＿＿＿＿＿＿＿＿＿＿＿＿＿

3.＿＿＿＿＿＿＿＿＿＿＿＿＿＿＿＿＿＿＿＿＿＿＿＿＿

哪三件事总让你觉得生气？

1.＿＿＿＿＿＿＿＿＿＿＿＿＿＿＿＿＿＿＿＿＿＿＿＿＿

2.＿＿＿＿＿＿＿＿＿＿＿＿＿＿＿＿＿＿＿＿＿＿＿＿＿

3.＿＿＿＿＿＿＿＿＿＿＿＿＿＿＿＿＿＿＿＿＿＿＿＿＿

你认为可以对谁说出你的感受？

＿＿＿＿＿＿＿＿＿＿＿＿＿＿＿＿＿＿＿＿＿＿＿＿＿＿

＿＿＿＿＿＿＿＿＿＿＿＿＿＿＿＿＿＿＿＿＿＿＿＿＿＿

＿＿＿＿＿＿＿＿＿＿＿＿＿＿＿＿＿＿＿＿＿＿＿＿＿＿

为了创造一个合适的时机和地点来倾诉你的感受，你能做些什么呢？

＿＿＿＿＿＿＿＿＿＿＿＿＿＿＿＿＿＿＿＿＿＿＿＿＿＿

＿＿＿＿＿＿＿＿＿＿＿＿＿＿＿＿＿＿＿＿＿＿＿＿＿＿

＿＿＿＿＿＿＿＿＿＿＿＿＿＿＿＿＿＿＿＿＿＿＿＿＿＿

活动2

处理复杂的感受

小贴士

每个人都有很多不同的感受，其中一些比其他感受更难以启齿。当你理解了自己不同的感受时，你会发现，与人相处变得更加容易了。

尽管你不一定会注意到，但是你的感受无时无刻不在发生着变化。每天都有很多不同的感受纷沓而至，而其中一部分，比如说怒火、悲伤或者内疚感，都可能让你举止失常，从而使事态更加糟糕。说出你的感受通常可以帮你找到处理复杂情绪和解决困难状况的办法。但往往说出你的感受甚至去思考你当时的感受是一件很难的事。比如说：

• 你可能感到悲伤，因为一只宠物死去了。

• 你可能害怕狗，却不想让自己的朋友们知道。

• 你可能撒谎了，并对此感到内疚。

• 你可能因为家长无缘无故责骂你而感到生气。

学会倾听与关爱

即使困难，思考和说出你的复杂感受也是很重要的。

• 当说出这些感受时，你会感觉好一些。

• 当你说出这些感受时，大家会更理解你，甚至用不同的方式对待你。

• 有很多积极且富有创意的方式来应对复杂的感受。学会处理自己的复杂感受是成长的重要环节之一。

你的任务：如果你感觉忧虑或者难过，慢慢想想你为什么会有这种感觉，你还能做些什么。

你要去做的

看下面的图片：每一个小朋友都有一种不一样的心情。写下你最近一次有这种心情的时间。

开心

生气

_____

_____

_____

_____

伤心

担心

_____

_____

_____

_____

学会倾听与关爱

更多要做的……

你最常有的感受是什么呢？

_____

_____

_____

你几乎从来都没有过的感受是什么？

_____

_____

_____

你曾经有没有过在同一时间，有两种不一样的感受呢？表述一下这种情况。

_____

_____

_____

_____

你现在的心情怎么样呢？你认为是什么原因让你有这样的感受呢？

_____

_____

_____

_____

活动3

倾听他人的感受和心情

小贴士

　　当你能够很认真地聆听别人的感受和心情时，他们都会更加喜欢你并善待你。

　　很多人在别人讲话的时候都不知道该采用什么方式去聆听会比较好。有些大人就认为他们自己是很好的听众，其实不然。

　　成为一个好的听众，你必须要做到：

- 当别人讲话的时候，要全神贯注地注视别人。
- 不要打断别人讲话。
- 让其他人意识到你非常关心他们谈论的事情。

　　如何让别人知道你非常关注他们所讲述的事情有很多种方法。其中最简单的方法就是去询问一些有关于他们所讲述话题的问题。当然肢体语言也是非常重要的（详见活动4），因为你的肢体语言也可以表示你在认真倾听别人的讲话。如果你在做其他的事情或者你离说话者越来越远，这些都会让讲话者感觉你并不关心他们所讲的东西。

　　你是一个好的听众吗？如果不是，这些东西你必须要认真学习。我敢保证如果你努力让自己成为一个好的听众，在你的人生中，和任何一个人的关系都会非常融洽，包括你的父母、你的老师和你的朋友，而且你们的关系会越来越好。

　　你的任务：好好想一下，当别人跟你讲话的时候你要怎样做，而且证明给他们看你确实在听取他们所讲的事情。

你要去做的

培养良好的倾听习惯是非常重要的。请求你的爸爸或者妈妈或者另外一位成年人跟你一起练习倾听。

向你的合作者发问下面的任何一道问题：

你喜欢做的事情是什么？
你曾经有过的最好的一次旅行是什么？
你最近发生过的终生难忘的事情是什么？
你从小到大最美好的记忆是什么？

练习的同时，要保持眼神的交流；不要打断其他人的讲述；发问一些可以表示你对这个故事很感兴趣的问题。现在，请你的合作者对你的聆听表现进行打分。范围为1分至10分，1分代表最差，由1分到10分依次递增。

_____你看上去就是在听我讲话。
_____你没有打断我。
_____你提了一个很好的问题。
_____你让我觉得你很关心我所说的内容。
总得分_____

更多要做的……

　　每天都练习一次你的倾听技巧。建议你找5个人来锻炼你的倾听技巧，但是前提是你不能告诉他们你在做什么。

　　你怎么知道你良好的倾听能力已经起到了一个重要的作用？

_____

_____

_____

　　你将会称呼谁为"好的倾听者"？为什么你要选择这个人呢？

_____

_____

_____

　　当你成为一个好的倾听者之后，你认为你的生活可能会有哪些变化呢？

_____

_____

_____

读懂肢体语言

小贴士

非口头的语言，或者说肢体语言，其影响力比你的语言
还要大。

当你想跟某人讲述某些事情的时候，大多时候你就是张开嘴巴，把事情讲出来。但是，你的非口头语言、你的肢体语言也说了很多。你的肢体语言包括你的面部表情、你的姿势（你的站姿和坐姿）、你的手势，还有其他的一些动作。甚至你的衣物和个人的清洁卫生都包含在内。要清醒地意识到，你的无声语言在你跟其他人沟通中也非常重要。

注重自己的肢体语言是非常重要的（详见活动5），当然能够读懂其他人的肢体语言也很重要。

当你知道了如何解读其他人的肢体语言之后，你会发现，了解其他人的心情和感受非常容易。

当然，能够读懂他们的肢体语言是很酷的。警察们通过肢体语言判断是否有人在说谎，老师们通过肢体语言来查看他的学生是否都在认真听课，打牌的人和象棋棋手会通过肢体语言来试着读懂他们的对手。

你的挑战：你可以学习解读其他人的肢体语言，解读其他人的真实想法。

学会倾听与关爱

你要去做的

在这次任务中，你要学习注意其他人讲话时的肢体动作。

观察下面的姿势。他们分别意味着什么呢？再想出其他10种你认为人们经常用到的姿势。

　　　　　　　_____

　　　　　　　_____

　　　　　　　_____

其他手势
_____
_____
_____
_____

　　　　　　　_____

活动4

更多要做的……

在你认识的人中，有没有谁的肢体语言是很容易辨认的呢？他们经常会做的事情是什么呢？

_____

_____

_____

日常生活中，人们通常都会采用什么样的姿势来表达他们对你做的事情表示赞同呢？

_____

_____

_____

描述一个人伤心时的面部表情和肢体动作。

_____

_____

描述一个人恐惧时的面部表情和肢体动作。

_____

学会倾听与关爱

使用积极的肢体语言

> ## 小贴士
>
> 　　肢体语言是一种非常重要的情感表达方式。如果和别人沟通交流的时候，你能运用积极的肢体语言，他们大多数也会积极地回应你。

　　当你和别人讲话的时候，他们不仅仅会听你在说什么，同时也会注意你讲话时的方式和方法。他们会观察你的姿势、你的面部表情、你的肢体语言等等。对于那些领导者来说，不管是你们班级中的小朋友还是掌管整个国家要务的政治家们，他们跟别人讲话的时候，通常都会运用积极的肢体语言。

　　积极向上的肢体语言包括：有一个自信的姿态；和其他人有充分的眼神交流；运用手势来传达自己的内在意思。在这个练习中，你应该用积极的的肢体语言去锻炼。

　　站在镜子面前，摆出你自信和开心的姿势。

- 笔直地站立。
- 注视自己的眼睛。
- 微笑。

- 现在，做出一个表示友好的姿势。
- 伸出你的手，就好像你要跟其他人握手一样。
- 向自己摆手打招呼说"你好"。

你的任务：在和他人谈论重要事情的时候，运用积极的肢体语言。

你要去做的

将杂志中那些有着积极的肢体语言的人的照片剪辑出来。这将会帮助你练习面部表情、姿态、手势和其他的肢体语言。如果需要的话，可以多加一些纸，尽可能多地找出各种积极的肢体语言。

更多要做的……

如何能用肢体语言引起别人的注意并给人留下好印象呢?

_____

_____

_____

用怎样的肢体语言会引起别人的注意并留下不好的印象呢?

_____

_____

_____

大家都喜欢会微笑的人。你自己一天会微笑几次呢?一天中,有没有其他使用肢体语言的积极方式呢?

_____

_____

_____

想想你们班上的同学。你觉得谁的肢体语言丰富?你对他们有怎样的印象?

_____

_____

坏脸色与好表情

小贴士

表情是你和别人交流自己感受的重要方式。它是你肢体语言的一部分，甚至比你的语言更加重要。如果你用一种愤怒的或不友好的表情对待关心你的人或试图要帮助你的人，就相当于你在对他们大吼大叫或者做出挑畔行为。

你有没有注意过，有些人总是在微笑，而另一些人总皱着眉，看起来一副不高兴的样子？你更喜欢待在哪一种人身边？是大多数时候看起来都很快乐的人，还是大多数时候都是坏脸色的人？

这时，是不是就该想一想自己在其他人眼中是什么样子了？你是随时看起来都不开心或者生气的人，还是经常表情愉悦心态积极的人？当老师或者家长让你去做事的时候，你会回给他们一张愤怒的臭脸，还是积极的表情？

我可以向你保证，如果你能练习让脸上的表情看起来更加积极快乐——尤其是在有人让你做事情的时候——成年人会对你更加友善，小伙伴们也会更愿意和你待在一起。

你的挑战：尽力注意自己的表情。当有一位大人和你说话时，努力用微笑回应并且保持目光接触。看看别人对待你的方式是否会发生改变。

你要去做的

请人帮你照一些自己在欢笑时的照片。多照几张并且努力让自己看起来是真的很高兴。在下面把照片贴出来。

現在找一个人用下面的问题向你提问，对每一个问题都试着保持微笑并用友善的态度回答："好，我会做的。"然后请他为你的表现打分，看你是否能在回答每一个问题时都保持讨人喜欢的表情。对下面每个问题从1分到10分之间进行评分，1分=积极的/讨人喜欢的表情，10分=坏脸色/生气的表情。

你能把垃圾扔出去吗？打分_____

你现在去做作业好吗？打分_____

请洗漱后上床睡觉。打分_____

你能把自己的房间收拾干净吗？打分_____

更多要做的……

你知道哪些人总是摆着臭臭的表情吗？

_____

_____

_____

在你认识的人中谁总是带着令人愉快的表情呢？

_____

_____

_____

你会怎样让自己记住愉快表情的重要性呢？

_____

_____

_____

你认为在什么时候必须要保持愉快的表情呢？为什么这样认为？

_____

_____

_____

成为情绪小侦探

小贴士

　　如果你觉得自己的心情总是不好，那么你可以做些什么去改变它。你可以先找出是什么事情让你心情不好，之后再试着改变它们。

　　有时发现人为什么心情不好很容易。比如你刚和朋友大吵了一架，或者发现今天的家庭作业真的很难，这就可能让你心情不好。有时就很难找到一个人心情不好的原因了。有些人好像就是容易生气，而且总是不高兴。

　　人们生来都具有不同的脾气性格。有些人好像总是很乐观，有些人则恰恰相反，每分每秒看起来都不高兴。如果用1到10来打分，1分意味着大多数时间都很高兴，而10分则说明大多时间都不高兴，你会为自己打几分？

　　如果你为自己打5分或者超过5分，就需要学习如何让自己的心情更快乐了。

　　在这个活动里，你要追踪记录自己的心情以及当天都发生了哪些事。接下来，看看你是否能改变那些让你心情不好的事物。做好改变那些你可能不喜欢的事物的准备。举例来说，如果你因为老妈对你大吼叫你起床而不爽，试着下次早点睡觉，那么第二天起床时的心情就会好些。很多孩子都不喜欢早早上床，但是考虑到早点睡觉可以避免每天早上的争吵还能让你休息得更好，不妨试着下次早点睡。

你要去做的

首先能够改变你不良心情的方法，就是找出是否有些特别的事物引发了你的不良情绪。没有人会一直不高兴的（即使有时看起来如此），也许只是你在一天的某些时刻或者某些情形下心情变差了。

像往常一样尽力在一天中填写下面的表格。如果喜欢的话，可以找个大人来协助你。为你的情绪打分，1分意味着特别高兴，10分等于超级不爽。接着想想，你能做点什么能让自己变得高兴起来的事吗？

当天时间	发生了什么	你的心情	你能改变什么
上午8点			
上午9点			
上午10点			
上午11点			
上午12点			
下午1点			
下午2点			
下午3点			

学会倾听与关爱

当天时间	发生了什么	你的心情	你能改变什么
下午4点			
下午5点			
下午6点			
下午7点			
下午8点			

更多要做的……

举例说明哪些事情让你心情不好？

_____

_____

你的情绪可以影响到别人。你觉得当你心情不好时，谁受到的影响最大？

_____

_____

你为什么要尽力让自己心情更好呢？

_____

_____

一天中有哪些特殊时刻让你更加易怒和不高兴吗？一周七天天天如此吗？

_____

_____

即使心烦意乱也要保持冷静

> **小贴士**
>
> 　　你无须在迫不得已时让情绪控制你的行为，即使在愤怒或烦躁的情况下，你也可以学会保持冷静。

　　许多人不会控制自己的情绪。不仅仅是孩子，大人也是如此。你可能见过情绪低落的小孩乱发脾气，或者被困在堵车途中的大人不耐烦地叫嚷。

　　有时你会情不自禁地生气，但很多人会因为过于易怒而不招人喜欢。

　　你经常生气吗？自己检查一下，看看自己是不是每天都会控制不住而发一两次脾气。如果是这样的话，你可以做的事情有很多，在接下来的三个活动中你将学习如何去做。

　　首先，你必须知道如何保持冷静，即使在受到挫折或者心烦意乱的时候。如果你真的努力去做的话，即使有人在戏弄你、在招惹你，你几乎可以随时冷静下来远离烦躁的情绪。

　　你的任务：每天练习放松技巧。

你要去做的

拿一支铅笔，把它放在下面七只愤怒怪兽中的一只身上。然后慢慢地、非常缓慢地，把它移到笼子的图案里。在你移动铅笔的时候，要慢慢地深呼吸。从怪兽到笼子至少要用两分钟时间。在下面的横线上写出移动每只怪兽所用的时间。尽管你的手在动，但是在移动铅笔时，要试着尽量让全身的肌肉放松。在接下来的一周里，每天多关一只怪兽进笼子。记下每次用了多长时间，看你能不能一次比一次用的时间更长。

时间_____　　时间_____　　时间_____　　时间_____

时间_____　　时间_____　　时间_____

更多要做的……

每天练习深呼吸还有放松肌肉对你来说很重要。你每天什么时候练习呢?

_____

_____

_____

在你知道的人中,谁在很大压力下也可以保持冷静?

_____

_____

_____

有的人有一个特殊的信号用来提醒自己要冷静,这样即使在心情烦乱的时候也能冷静下来。这样的特殊信号可以是轻敲自己的手背或者仅仅是打响指。你的特殊信号可以是什么?

_____

_____

_____

谁能帮你训练深呼吸和放松?

_____

_____

_____

活动9

表达情绪的方式有好有坏

<hr>

小贴士

你的情感对你的行为影响很大。生气时，你可能大声喊叫或者生闷气不理人甚至摔东西。难过时，你可能会比平常睡得更多更久，又或者只是懒懒地躺在那里看电视。高兴时，你很可能更愿意出去玩，找乐子，和其他人待在一起。

<hr>

大脑中有一个区域掌管着我们的情感。有时它让我们这样做的事是好的事情，有时它告诉我们去做的事情对我们没有帮助甚至会伤害到其他人。

但是即使掌管我们情绪的这部分大脑告诉我们要做些什么来发泄某些特殊的情绪，你还是可以有自己的选择的。你可以选择表达自己情感的最佳方式。

你的任务：注意自己的情绪，并且意识到自己有如何表达它们的选择权。

你要去做的

把最适合表现下列情绪的方法圈起来。

愤怒

敲打墙壁　　说出你的烦恼　　吐口水

咒骂　　做些运动　　对使你生气的人大叫

思考是什么让你生气，并且尝试去改变它

难过

吃些糖果　　向父母抱怨　　和某人谈心

想一想是什么让你难过发牢骚

恐惧

远离让你感到害怕的东西　　找些你害怕的事物的资料读一读

询问别人如何面对你的恐惧

抱歉

写一张道歉条　　把发生过的事情忘掉

快乐

夸耀　　试图让别人也快乐起来

试着找到让自己快乐的方式然后一直快乐下去

更多要做的······

你能回想起这样的时候吗——自己很生气，然后自己出于愤怒的行为把事情搞得更糟了？

_____

_____

_____

你能回想起哪一次你很害怕但是做了某些事来直面自己的恐惧吗？

_____

_____

_____

是否还有哪一次你觉得很伤心，于是做了什么事情让自己感觉变好？

_____

_____

_____

你能想起有哪次自己因为做了什么事而感到歉意，接着又做了事情去弥补错误吗？

_____

_____

用自我对话改变自己的情绪和行为

> ### 小贴士
>
> 　　每个人都会自言自语……随时随地。有时人们把这叫做"自我对话，"因为自言自语时你是在对自己，而不是别的什么人说话。自我对话可以帮助你对生活建立更好的心态以及对他人拥有更积极的感情。

人们心烦意乱时容易对自己说些消极的话。他们可能会这样对自己嘀咕：

"我真蠢。"

"没有人喜欢我。"

"我怎么什么事都做不好！"

这种自我对话只会让人感觉更糟。但是你可以学着对自己说些能让自己感觉更好的话！对自己说积极的话可以鼓励自己改善态度，甚至提高学习表现和体育成绩。很多演员和运动员会运用自我对话使自己在紧张时冷静下来，或者在遇到困难时激励自己。

　　在这个活动里，我们努力的方向是即使在困难的任务中也能利用自我对话调整自己找到积极心态。

　　你的任务：学会对自己说出积极的话而不是消极的对话。

你要去做的

想象你正在做难度非常大的家庭作业。

写下五句可以帮助你继续努力并且保持积极
心态的自我对话。下面是三个抛砖引玉的例子：

"我必须要集中注意力。"

"我能做到。"

"放松，继续加油。"

1. _____

2. _____

3. _____

4. _____

5. _____

学会倾听与关爱

更多要做的……

为什么必须要有良好积极的心态？

_____

_____

_____

_____

你现在在想什么？把你的想法写下来，并且判断它们是积极的还是消极的。

_____

_____

_____

_____

_____

_____

_____

_____

_____

理解他人的感受

小贴士

当你倾听他人的感受时，他们通常会感觉良好。学会倾听别人的感受，即使你并不赞同他们的看法或者理解他们的感受，倾听也是表示你关心别人的重要方式。

情感是人的重要组成部分。当你在倾听他人的感受时，你表现出的是你对他们在意而且你关心他们。当你拒绝倾听别人的感受的时候，就是表示"我不在乎。"

当你认真地倾听别人的感受时，你就开始更好地了解他们了。这一点可以帮助你增进与朋友、家长还有老师的关系和感情。

有些小朋友会说："我不想要朋友。我不关心无论是父母、老师，还是别的什么人怎么看我。"但当这些小朋友这么说的时候，他们就在表达一种愤怒的感受，一种失望的感受，或是一种悲伤的感受。感受把人与人联系起来，而每个人都需要和其他人相联。

你的任务：开始询问别人的感受，并且在不做评论和批评的情况下听听他们说了什么。

你要去做的

用下面的格式采访三个不同人的感受（你需要把本页复制三份）。你可以把他们的回答记下来或者录下他们说的话。

感受调查

受访人_____ 采访日期_____

谁总是为你打气，能让你高兴起来？_____

有哪本书或者哪部电影让你觉得悲伤？为什么它会让你觉得伤感？

_____

_____

哪种东西让你觉得自己既应该害怕又不该害怕？

_____

_____

当你生气时，你会怎样让自己冷静下来？

_____

_____

你做的哪些事情让你觉得自豪？

_____

_____

_____

更多要做的……

在你采访的三人中，谁最愿意把自己的感受讲出来？

_____

谁在讲自己感受时肢体语言最有表现力？

_____

在采访中，你了解了这三个人的哪些新的方面？

_____

_____

在1分至10分之间为自己打分，你觉得自己作为一个倾听者怎么样（1分代表糟糕，10分代表很棒）？

糟糕　1　2　3　4　5　6　7　8　9　10很棒

关于自己的倾听技巧你了解了哪些方面？

_____

_____

只要愿意，你就能改变自己的情绪

小贴士

告诉你一个很多人都不知道的小秘密：如果你不喜欢自己的情绪的话，你可以改变它们。

很多人以为自己的情绪蕴藏着惊人的力量，以至于他们的情感控制了他们的行为。我认识的人里有害怕飞行的，他们从来没有坐过飞机。我还认识一些人，他们总在担心那些自己不能控制的事物，而且整日里都在担忧。

这些人不知道自己可以改变这些别扭的情绪，但你可以改变你自己的。

如果你生气了，你可以控制自己的怒火；如果你受到了挫折，你可以使自己平静下来感觉更好些；如果是你不高兴了，你可以让自己变得快乐点。

在这个活动里，你会学习一些改变自己感受的不同方法。你应该把每个都试一遍，然后练习在你经常遇到的窘境中效果最好的那个。

你的任务：找出让你在生活中更快乐的方法。

活动12

你要去做的

下面都是人们在自己烦躁、焦虑或者愤怒时用来改善自己情绪的活动。想一想你用的是哪些方式，然后回答下面的问题。

播放音乐

哪一种音乐（乐队或歌曲）是你喜欢听的？

_____

_____

这种音乐给你什么感觉？

_____

_____

哪首歌让你快乐？ _____

如果你想要克服一个难关，你想要听什么歌？（比如要在一次很难的测验前准备复习）

_____

_____

学会倾听与关爱

做运动

你喜欢做哪种运动？

_____

_____

运动过后你是什么感觉？

_____

_____

有没有哪一种运动/活动总能让你自我感觉良好？

_____

_____

有没有哪种运动让你觉得运动过后心情比运动前更差？

_____

_____

你更愿意和谁一起做运动？

_____

_____

和一个朋友或者大人聊一聊你的感受

哪个大人值得你信赖，可以帮助你改善自己的情绪？

_____

_____

_____

哪个孩子值得你依靠，可以使你心情变好？

_____

_____

_____

在你心烦意乱时，什么可能会阻挡你倾诉的愿望？

_____

_____

_____

在你的记忆里，哪次向别人倾诉过自己的烦恼，然后感觉好过些？

_____

_____

_____

玩玩具或者做自己喜欢做的事

有没有哪种你喜欢的事情是永远做不厌的？

_____

_____

_____

你为什么享受做这件事情的感觉？

_____

_____

_____

你认为它能帮你控制那些恼人的情绪吗？

_____

_____

_____

还有其他哪些你喜欢做的事情能让你感到平静放松？

_____

_____

_____

活动12

更多要做的……

描述你希望改变自己的情绪的时刻。

_____

_____

许多人都很难改变自己愤怒的情绪。你会怎么做来让自己摆脱愤怒的情绪？

_____

_____

巴里的祖父去世了，他很难过。即使在一个月后，他每次上床睡觉时还会哭泣。你会给他哪些建议？

_____

_____

克利的母亲再婚了，他因此非常生气。克利一点也不喜欢他的继父。你会建议他做些什么呢？

_____

_____

_____

学会倾听与关爱

变得乐于合作

小贴士

乐于合作可以让生活变得更加简单也更加有趣。所有人都欣赏有合作精神的小孩。

有些事要做成就离不开合作。

- 一个人玩不了跷跷板。
- 如果想要举起或者搬动大件或沉重的物品，你就需要帮助了。
- 要是你够不着高高的架子上的某件物品，就需要找人帮你把它拿下来。

有些事可以独立完成，但是这样做就会让它更加困难，一起做事的乐趣也没有了。

- 假如你想玩接球游戏，虽然你可以利用墙面反弹一个人玩，但是和别人一起玩一定会更有趣。
- 你可以用数码相机来张自拍，但是找人帮你拍岂不是更容易？
- 自己一个人也能玩一些游戏，比如接龙，但是大多数游戏都要和别人一起玩。

有合作精神的人愿意在别人求助的时候帮助别人，甚至在别人没有把请求说出口的时候就会主动帮助别人。人们喜欢有合作精神的人，若是你有合作精神的话，他们也会愿意帮助你。

你的任务：设法让自己变得乐于合作。看看别人对待你的方式是否发生了改变。

你要去做的

你认为合作精神对于以下三种情景有何帮助？画出每个孩子在每个情景下可以做的事，以使他们更有合作精神。

萨拉的母亲今天工作得很不顺利。她说："我头好痛，真的不想做饭。"萨拉可以做些什么来帮助自己的母亲？

莎伦把作业忘到了家里的餐桌上。她的好朋友瑞丽想要帮助莎伦。瑞丽能做些什么呢？

阿伦的爸爸准备要去打扫车库。阿伦能帮些什么忙呢？

更多要做的……

在家的时候你能做些什么增强自己的合作精神呢？

_____

_____

_____

在学校你又能做些什么增强自己的合作精神呢？

_____

_____

_____

和朋友在一起时，你可以做些什么增强自己的合作精神呢？

_____

_____

_____

你认为做人要更有合作精神最重要的原因是什么？

_____

_____

_____

变得乐于助人

小贴士

　　乐于助人是一个人很重要的品质。如果你能做到每天都助人为乐，对自己和其他人也会感到满意。

　　在这次的任务中，我希望你可以认识到一个简单的事实：大家都喜欢乐于助人的人。

　　要做到乐于助人其实很简单，也相当重要。

　　在下一页，有5件你可以做到的简单的小事来帮助别人。你的任务是写出另外5件。然后，明天试着去做全部十件事！

　　假如你能做到其中的5～7件事，你的成绩就是"B，"假如你能做到8～10件事，就可以得"A"了。如果你可以做到超过10件好事，就能拿到"A+"了！

　　你的任务：坚持寻找更多助人为乐的方法。

你要去做的

完成下列某件好事后，在它前面打个勾。

☐ 帮一个人开门。

☐ 帮一个人抬东西。

☐ 主动把别人需要的东西递给他。

☐ 多做一件家务。

☐ 和别人分享一件你的东西，可以是食物、玩具或者好心情。

现在添加其他5件你能做到的好事。

☐ _____

☐ _____

☐ _____

☐ _____

☐ _____

更多要做的……

你认为谁十分乐于助人？ _____

你觉得都有谁特别讨人喜欢？形容一下他们是什么样子的。

_____

_____

_____

描写你曾经帮助过别的孩子的情景。

_____

_____

_____

说一说你帮过家长什么忙。

_____

_____

_____

说一说你如何帮助过一位老师。

_____

_____

_____

设立积极目标

小贴士

　　如果你想要做出改变，最简单的方法就是设立一个目标，然后朝目标努力。

　　没有人是完美的，但是我敢肯定你的家长和老师都希望你在一些事情上有不同以往的更好的表现。不管他们会对你说教、惩罚，还是使用某种奖励机制，我都知道只有在自己愿意的情况下你才会改变自己。

　　若你想要改变自己的行为，不妨从一个目标开始，那会容易些。

　　比如说，你的目标可以是：
- 按时做作业。
- 多做几个仰卧起坐。
- 每天多学一个单词。

　　你大概会注意到这些都是你的父母或者老师所喜闻乐见的改变。你有自己想要提高或者增强的好的意向吗？这些也可以是你的目标。

　　你的任务：设立一个对你来说很重要的目标。

活动15

你要去做的

在学校设定积极目标是很有必要的，但却不一定简单。在本次活动里你的目标就是在不和任何线交叉的情况下通过下面的学校迷宫。觉得自己能做到吗？

学会倾听与关爱

更多要做的……

写下4个积极目标。

_____

_____

_____

_____

这些目标里最重要的是哪一个？ _____

写一写，为了达成这些目标你将怎样努力。

_____

_____

你认为什么会成为自己达到目标的阻碍呢？

_____

_____

当你完成目标时，你怎么知道自己完成了？

_____

_____

活动16

有种美德叫耐心

小贴士

能耐下性子来是很重要的。有耐心的人在做事的时候通常比没耐心的人更容易成功。

耐心是一种重要的品德，一种几乎被所有人重视的个人素养。然而，尽管大家都知道做到有耐心是很重要的，但很少有人会教孩子如何保持耐心。

相反，我们的文化会给孩子一种所有事情都是越快完成越好的印象。

- 我们有只要在微波炉里热几分钟就可以做好的饭。
- 我们有速度超快的互联网以及运算速度越来越快的电脑。
- 我们有遍及全国的数万家的快餐店。
- 我们有24小时送达的快递服务，这样我们就能在一天内完成购物与收货。
- 我们都有手机，因此再也不用为了找电话而多耽误一分钟了。

这些都很好，只有一点，当我们别无选择时，对所有这些快捷与便利的习惯都让我们难以保持耐心和等待。

儿童并不是唯一缺乏耐心的人群。我敢保证你看到过成年人在除了等待别无他法的情况下，沮丧失落甚至举止暴躁的样子。

学会倾听与关爱

你的任务：在你灰心丧气时保持耐心。深深地吸一口气，然后慢慢地呼出来。保持平静，然后等待事情自然好转。

你要去做的

保持耐心对于以下三种情形有何帮助？

弗兰克最讨厌在母亲购物时等待了。他能做些什么来让自己在等待时不那么无聊呢？

凯利想要一个他所有朋友都有的电子游戏。他的父母说等他生日可以买给他，但是离他生日还有六个月呢。凯利能做些什么呢？

特伦特不喜欢数学。每次做数学作业他都要花上几个小时。他真想把它们都扔进垃圾箱里去。怎样做他才会感觉不那么失落呢？

活动16

更多要做的……

你能想起最近有哪次自己表现出忍耐力了吗？

_____

_____

_____

你知道哪种职业的人必须要特别有耐心吗？如果他们不耐心的话，有可能会发生什么事呢？

_____

_____

_____

谁总是对你很有耐心？问一问他们有没有不耐烦的时候。

_____

_____

_____

举例说明什么时候你需要学着更有耐心。你会如何变得更有耐心？

_____

_____

学会倾听与关爱

学会妥协

<table>
<tr><td>

小贴士

　　假使你不能学会如何做出妥协或者让步，那么你可能会经常和人闹矛盾。没有人喜欢总是自行其是的人。在退让中，每个人都能得到一部分自己想要的结果，但不是全部。

</td></tr>
</table>

　　所有孩子都不得不学会做出妥协，但是我可以向你保证，学会做出明智的让步可以让你更加快乐。如果学会让步，你和其他人的打斗和争吵的几率就会大大减少；学会让步之后，你会拥有更多朋友。当你掌握了如何做出明智的让步时，大人会更有可能去尊重你的意见。但是要记住，不是在所有事情上你都可以和大人进行讨价还价的。规矩大多都是成年人制定的，而你大部分时间都不得不遵守规则。在有些事情上，你可以向家长或者老师提出自己的意见，但在有些情况下，大人是不会做出任何让步的，这时，你只能乖乖接受这一事实。

　　这里有一些家长对孩子做出妥协的例子：
　　• 杰森想要打篮球，然而他的妈妈想让他现在把读书报告写完。最终他们达成一致意见，决定他可以先玩两小时篮球再把读书报告写完。
　　• 安妮想要妈妈给她买双新的运动鞋。妈妈告诉她，如果安妮可以自己挣到一半的钱，她会帮安妮付另一半的鞋款。

还有一些家长无论如何也不会对孩子妥协的例子：

• 亨利想要不戴头盔骑自行车，就在自己家附近转一转。爸爸说："只要你骑自行车，就必须戴上头盔。"

• 莎拉觉得每天刷牙完全没有必要。她建议说，不如自己每隔一天刷一次牙。妈妈回答道："没门！"

如果大人不能接受你提出的折衷建议，那么就礼貌地接受吧。这样下一次他们就更有可能接受一个折衷的提议。

你要去做的

读一读下面这个用妥协的办法解决朋友之间争吵的故事。

三个好朋友

很久很久以前，有三个人，他们是好朋友。他们分别叫做艾米、迈克尔和凯拉。周六的时候，他们都在艾米家讨论要去玩什么的问题。

"我觉得我们可以去踢球啊。"艾米先说到。

"不好，"迈克尔说，"我今天不想踢球了。我们总是玩踢球。今天我想打篮球。"

"但是我不喜欢篮球，"艾米说，"你就是因为自己个子高才想打篮球的。而我个子矮，篮球打得又不好。踢足球对大家来说更有意思。"

"我不想玩任何一种球，"凯拉说，"我只想待在室内看动画片。而且，你们看，好像天要下雨了。"

"才没有。"艾米说。

"要下了。"凯拉说。

"没有。"

"要下了。"

"别吵了!"迈克尔叫道,"你们简直让我头疼!让我们找点大家都愿意做的事情吧。"

"好。"艾米说,她心里也觉得和好朋友吵架感觉不太好。

"好。"凯拉说,她也觉得心里不太舒服。

"那我们现在怎么办?"迈克尔说。

"我知道了,"艾米说,"我们找个折衷方案吧。我妈妈说,折衷方案就是我们都赞成的计划,这样所有人都会开心。"

"好吧,那不如我们就轮流决定我们要做什么吧。"凯拉说。

"这主意不错,"迈克尔说,"谁先来呢?"

"我有主意了,"艾米说,"我们可以把自己的名字写在纸片上然后把它们团成团儿。接着凯拉闭上眼一个一个把纸团儿拿起来。第一个被拿到名字的人决定这周六做什么,下一个被拿到的决定下周六的活动内容,然后第三个人决定下下周六做什么。"

"好哇,"凯拉说,"这主意真不错。"

"好呀,"迈克尔说,"好主意。"

"好,"艾米说,"那么就这么定了。"

学会倾听与关爱

寓意：当你和别人意见不统一时，可以寻找或设计一个可以让所有人都满意的计划，即使大家原本的意见不能完全实现。

更多要做的……

你最近做过什么明智的妥协吗？然后怎样了？

_____

_____

_____

你印象中有哪次和父母或者老师的争吵其实是可以用互相的妥协避免的吗？

_____

_____

_____

你认为学校中谁擅长提出折衷方案呢？用他或她提出的一个折衷方案来举例。

_____

_____

_____

你知道哪一个大人总是能拿出折衷方案来解决问题而不是争吵吗？

_____

_____

活动18

言必信，行必果

小贴士

当你为了改变自己作出承诺时，你就更容易改变自己的行为。

你知道什么叫合约吗？合约就是将你要做的一些重要的事写下来的承诺书。把你要做的事情写下来和仅仅是口头上说你要做什么是不一样的。当你接受一份合约的条款时你会在上面签名，这意味着你对于要做的事情做了慎重的承诺。不遵守合约的后果可是很严重的。

下面是大人会制定的一些合约：

- 一份结婚协议。
- 一辆车或是一间房屋的租契。
- 一张借据，承诺于何时偿还所借财物。
- 一份合作协议，规定人们合作的方式以及方法。

这些都是成人的合约，当人们打破约定时，经常需要对簿公堂。

孩子们经常会有一份"行为合约"，它并不具有法律效力，但仍然很重要。有时合约里会规定违反合约的不良后果（惩罚），以及遵守合约的良好结果（奖励）。

你的任务：找一个大人一起讨论并决定你想要做出哪一项重要改变，然后定下一份合约保证你会遵守自己的承诺。

你要去做的

我的承诺书

我，_____
（孩子的姓名）

将会 _____。
（需要付出的努力）

_____
本人签字

_____
家长签字

活动18

更多要做的……

为什么履行合约很重要？

_____

_____

_____

你觉得为什么书面的合约比口头上的保证更重要？

_____

_____

_____

有时候，人们想改变一些坏习惯。你觉得自己有哪些坏习惯需要改变？

_____

_____

_____

你认识的人中谁成功地改掉了一个坏习惯？问问他们是怎么做到的，然后把他们的回答写在下面。

_____

_____

学会倾听与关爱

跳出恶性循环

> ## 小贴士
> 　　人们总是一遍又一遍地进入同样的行为模式，即使他们的行为正在引起麻烦。

很多时候，你只要做一件不同的事，任何事都行，就可以打破常规并且结束恶性循环。

比如说，泰伦讨厌上学。他在班上没什么朋友，心里也觉得老师不会喜欢他。每天早上他都要和妈妈就是否去上学争执一翻。他会大声和她争吵，而她也会大声斥责他。每天，泰伦去上学时心情都很差，而从那开始事情就变得更糟。

现在想一想，泰伦可以把哪些事情变得不同：

- 他可以停止和母亲争执（反正争执也不会带来任何好处）。
- 他可以在学校中找到一些他喜欢的因素，这样会让他更期待上学。
- 他可以在学校交一个可以一起玩耍的朋友。
- 他可以和母亲聊一聊学校中的烦恼而不是和她争吵。

你的任务：当你对某事感到不开心时，考虑一下，换一种截然不同的做事方法。找出一件你可以改变的事情。

你要去做的

泰伦说他讨厌去学校，而他每天都为了上学争吵。他能改变什么呢？

_____

_____

_____

弗兰克抱怨说没人愿意和他一起玩。他能改变什么呢？

_____

_____

_____

杰森喜欢通过戏弄年纪小的孩子引人发笑。他可以用别的什么方法来吸引别人的注意力吗？

_____

_____

_____

更多要做的……

你能想到哪种恶性循环（一些让人不快的事情一遍又一遍地发生）是你需要改变的吗？

_____

_____

_____

一个职业篮球选手可能会把自己的罚球分解为很多步骤，然后一个步骤接一个步聚地分析看他哪有问题。你可以把自己的恶性循环分解为很多小步骤吗？

_____

_____

_____

有些人觉得做出改变十分困难。你觉得自己哪一方面的行为特别难以改变呢？

_____

_____

_____

活动19

　　你认识的人里面有没有谁觉得改变自己的行为是很容易的呢？这些人被认为是灵活多变的人。你有哪方面想要变得更加灵活吗？怎样才能做到？

_____

_____

_____

学会倾听与关爱

为自己的努力打分

小贴士

　　当你对自己的进步持续记录时，你会更快地改变自己的行为。

　　很多孩子觉得家长总是试图要控制他们的生活。大人制定规矩，而且还总用孩子不喜欢的方式强迫他们。

　　但是你可以控制自己的行为，做自己的主人。想要实现这个目标，可以从学会衡量向你目标进展的过程开始。你要如何衡量这一过程呢，这可以通过自我监控实现。

　　自我监控意味着随时注意自己的行为，并且对它保持记录。你很有可能听说过大厅里装有监控器。大厅里的监控器对学校中课间发生的一切予以监控，并且把出现的问题汇报给老师。当你自我监控时，你要自己注意自己哪些事做错了，又有哪些事做对了，并且把信息反馈给自己！

　　你可能已经对自己的行为进行过自我监控了。比如说，你想要跑得更快，那么你可能会每天练习跑步一小时。于是，你就在用一只秒表进行自我监控。

活动20

　　下一页的表格可以帮你自我监控自己的行为。首先要做的是写下你的一个行动目标。一个行动目标即你想要让自己某方面有所进步的内容。譬如：

- 不要别人提醒自己会主动去做作业。
- 保持自己的房间整洁。
- 每天按时起床上学。

　　你的任务：你在努力完成所有即定目标的过程中，保持对各项目进展的记录。

你要去做的

复制一些下面的卡片，一周内每天使用一张卡片。写下一个你想要改善的行动目标。接着，在每天结束时，把将你的表现描述得最恰当的数字圈起来，1分相当于很差，而5分则意味着棒极了。

一周后，把全部7张卡片的得分加起来。超过21分就是个不错的起点。下一周继续使用卡片，看看你的分数会不会提高哦！

今天的日期是_____

我的目标

1 2 3 4 5

活动20

更多要做的……

为什么控制自己的行为很重要？

_____

_____

有没有哪一个方面是你特别想要改善的？

_____

_____

你觉得自己是个目的明确的"有心人"还是个没有目标的"随心所欲者"？解释一下你的回答。

_____

_____

_____

你认为谁特别自律？为什么你会选择他来举例？

_____

_____

_____

学会倾听与关爱

遵守规矩

> ## 小贴士
>
> 　　孩子们总是抱怨有太多的规矩需要遵守，但是每条规矩的制定都是有原因的。当你遵纪守法时，你最终会在做自己的决定时更有责任感。当你对纪律和规则不屑一顾时，你经常会惹麻烦，结果是大人往往会为你制定更多规矩。

每个人都要遵守一定的规矩；不仅仅是孩子，大人也有自己要遵守的规则。

想象一下，在没有交通规则的时候开车会出现什么状况。

再想象一下，如果在如何对待别人方面没有一定的规则，会发生什么。

假使在一场足球或是棒球比赛中没有规则，会发生什么。

生活中，有些规矩你可能是可以理解的，但有一些让你觉得很不公平。即使你觉得某条规则并不公平，你还是不得不去遵守。那么，当你可以遵守规则时，你就有可能就某条规则和制定它的人谈一谈你觉得更合理的建议了。

你的任务：遵守规则，即使你并不喜欢它们。找到一种积极的方式去改变生活中你不喜欢的事物。

活动21

你要去做的

写下你生活中最重要的10条规矩。可以是大人制定的规则，也可以是你为自己定下的规矩。

我的规矩

1.
2.
3.
4.
5.
6.
7.
8.
9.
10.

学会倾听与关爱

更多要做的……

如果有一天你可以给大人制定规矩，你会把什么定为第一条？

_____

_____

_____

哪一条规矩让你觉得一点也不公平？你会怎样修改它？

_____

_____

_____

你有没有试着为了改变哪条规矩中的一点而谈判？发生了什么？你做了哪些不同的改变？

_____

_____

_____

哪一条规矩虽然你不喜欢，但是你觉得最好还是有这么一条规矩比较好？

_____

_____

_____

要保持冷静

小贴士

许多人发现想要随时保持冷静很难做到。即使是成年人也避免不了会在沮丧或烦乱时大喊大叫。但是喊叫和发脾气一点好处也没有。要处理你的愤怒，有更好的方式。

在下一页，你可以看到一个可以帮你学会控制脾气的小游戏。

拿5枚硬币出来，挨个抛掷，试着把它们抛到"冷静圈"上。每个圈上都写着一种处理愤怒情绪的好办法。如果你能成功抛到冷静圈上，那么在你成功地使用过圈上教的方法之后就能得到相应分数。而一旦硬币掉到了愤怒的人脸上，就要扣掉相应的分数。

得到5分及以上者，赢！

你要去做的

冷静小游戏

和朋友聊一聊你的苦恼。
+3

听安静的音乐。
+1

-1

-2

找人玩个游戏。
+2

-3

-1

把你的愤怒画出来。
+1

TAKE ANOTHER TURN

寻找可以让你大笑的事。
+2

-2

深呼吸五次。
+3

-1

-3

想出两种可以解决你的问题的方案以供选择。
+2

-1

来回绕圈子走动，直到你冷静下来。
+1

-2

坐下来，放松你的肌肉。
+2

活动22

更多要做的……

哪些事情会让你生气？

_____

_____

_____

如果要和别人做比较，你觉得自己是更容易生气呢还是不那么容易生气呢？

_____

_____

_____

用哪种方式表现你的愤怒是有益的？

_____

_____

_____

说一说人们用哪些方式表达自己的愤怒是不好的。

_____

_____

_____

学会倾听与关爱

又吵又讨厌的声音

在你年纪还小的时候，老师们或者父母可能提醒过你不要太吵闹，要用"室内音量"说话。而当你在外面疯跑着玩的时候，就可以用"室外音量"啦。

但是声音的大小仅仅是你对别人有影响的一个方面。说话的语调也会影响你给人留下的印象，以至于会影响到别人对待你的方式。人们说话的语气其实暗含了许多内容。用愉悦的语气说话，表现的是一种兴趣、注意以及关心。而不愉快的语气则代表着愤怒、不尊重以及不在乎的态度。

在本节活动里，你应该想想自己的语气是怎样的，它向别人尤其是大人，传达了怎样的信息。

你的任务：思考自己讲话的内容和方式。如果发现自己用的是一种很讨人厌的语气说话，做一个深呼吸，试着改用一种中立或愉悦的语气。

活动23

你要去做的

练习用平和、安静而且悦耳的声音说出下面的话。每句话重复5遍。先用"讨人厌的腔调"各说一遍，然后用一遍比一遍悦耳的语气说出来。

不要用虚伪的或者过于甜腻的语气。那样的话，会让人觉得你不真诚，这几乎和用讨人厌的语气说话效果一样差。

如果你有录音机的话，可以把自己的声音录下来，然后回放给自己听，如此你就可以知道自己的声音在别人听来是怎么一回事了。

"我现在还不想做作业。我能晚点再做吗？"

"我不喜欢吃菠菜。能吃点别的吗？"

"我考试得了'差'，现在心情糟透了。"

"我晚上看一部电影，所以想晚点睡。可以吗？"

"你生我气了吗？"

更多要做的……

为什么用讨人喜欢的方式讲话特别重要呢？

_____

_____

_____

如果别人用令人讨厌的语气对你说话，你会怎么做？

_____

_____

_____

你能列举一个电视或者电影里一直用让人不舒服的语气说话的角色名称吗？

_____

_____

_____

有没有什么时候即使用讨人厌的语气讲话也没有关系呢？

_____

_____

_____

良好行为日记

小贴士

假使你每天都能帮助别人，做一件好事的话，你也会心情愉快的。

你觉得怎样才算表现良好？以下列举的是一些成年人认为是良好表现的行为：

- 遵守规则。
- 待人友善。
- 学习刻苦。
- 自觉做家务、做作业。
- 行为礼貌。
- 关心他人。

你具有以上表现吗？有哪些其他行为你会把它叫做"表现良好"呢？

在本次活动中，你需要每天努力做出至少一个可以称作"良好表现"的行为，持续一周。把这周做的事情和感受都记录下来，这样你不会忘记这一周的经历。下页的日记图片你可以多复制几张，或者直接用自己的日记本来记录。要确保一天也不会落下啊。

一周结束时，看看你都做了哪些事，然后决定你是否要把你的好事日记多写几天（比如说一直写下去）。

你要去做的

我的良好行为日记

更多要做的……

在学校里的熟人中，你觉得谁总是有良好的表现？描述一两件他们做的让你觉得他们表现良好的事情。

有些孩子喜欢拿"过于优秀"的人开玩笑。你认为他们为什么会这样做？

你来说一说，为什么把自己的良好行为记录下来很重要？

许多人都认为电视和电影对孩子有不良的影响。你觉得呢？

积极的言辞创造积极的感受

> **小贴士**
> 　　你所使用的言辞对你态度和情绪等方面的影响至关重要。

言辞是强有力的。

言辞可以伤害一个人的感受。
言辞也可以鼓舞人心。

咒骂可以给你带来大麻烦。
一声轻轻的道歉也能纠正一个错误。

刻薄的话语让你四处立敌。
友善的话语总会赢得人们的喜爱。

不尊重的言辞可以让大人生你的气。
尊重的言辞可以赢得大人的尊重。

想一想那些对你或者在你周围使用很多消极话语的人。

当他们说出那些话时，你有什么感受？你有什么反应？

你的任务：当你和人交谈时，使用更加积极友好的言辞，观察他们对待你的方式是否有改变。

当你发现自己在说负面的话时，立刻试着改用正面的说法。

你要去做的

用下列每一个积极的词语造句，想象你正在和别人说话。试着造出可以让人产生积极回应的句子。

譬如：

好：你今天看起来气色很好。

没问题：没问题，我立刻去做！

真棒： _____

_____

了不起： _____

_____

好的： _____

_____

对： _____

_____

最棒的： _____

_____

是： _____

帮忙： _____

更多要做的······

写下一个你说出了消极或者刻薄的话的情形。结果怎样？

_____

_____

描述在哪种场合下你一般会说出不好的话，尽管你本可以说一些积极的话。

_____

_____

你认为哪个人会认为说话积极更有好处？你会说什么？你觉得他们会说些什么或者做些什么？

_____

_____

在你的朋友和熟人之间，谁对大人讲话会比较尊敬？你觉得他们为何会这样做呢？

_____

_____

和朋友积极相处

> **小贴士**
> 　交朋友的要点在于要对他们进行正面的肯定和赞扬，以及用积极友善的方式相处。如果你总是在批评他们或者和他们争吵，很快他们就不再是你的朋友了。

几乎所有人都认同交朋友的重要性，然而有些孩子会比其他同龄人有更多的朋友。拥有很多朋友的孩子都明白在交往中保持对他人的尊重和关心就是交朋友和保持友谊的最佳方式。

有的孩子会觉得嘲笑戏弄其他孩子会让自己显得很酷。他们可能会开一些刻薄的玩笑或者骂人。即使是因为好玩而随口骂人也会给你带来麻烦，而且会使你因此失去别人的友谊。

在这一次的练习中，你需要做的是找到对待其他孩子积极正面的做法和消极负面做法的区别。

你的任务：对所有人都使用尊重友好的语言，注意别人是如何回应的。

你要去做的

用蓝笔写出一些积极话语的例子。用红笔写出一些消极话语的例子。

学会倾听与关爱

更多要做的……

为什么小孩会互相戏弄对方？

_____

_____

_____

挖苦是什么意思？举出一些一个孩子是如何挖苦别人的例子。

_____

_____

_____

若你说了一些话伤害到了朋友的感情，除了道歉外你还能做什么？

_____

_____

_____

你能回想起你对朋友说了什么话，后来后悔了的经历吗？

_____

_____

_____

讲真话

小贴士

世界上有很多种不同的谎言，其中一些谎言非常严重。如果你总是对人撒谎的话，别人就不会再相信你说的话了。

可能有人告诉过你，做人一定要诚实，你永远也不应该撒谎。但是你也会意识到，即使是成年人，他们也不是总在讲真话。可能你听到过你的家长说的一些谎话，譬如打电话到上班的地方说自己病了，其实他们是想要这一天和你一起度过。有时人们还会为了顾虑到别人的感受而撒谎。比如说，你可能会对某人说"我喜欢你新买的鞋"，只是为了让他们听了开心，即使事实上你并不喜欢那双鞋的款式。

尽管几乎没有人从来不说谎，有些时候你却是必须讲真话的。

- 必须对自己的父母和老师讲真话。
- 当有人可能因为谎话受到伤害时，必须要讲真话。
- 对于做错的事情必须要讲真话。
- 和家里或者学校的规定有关时，必须讲真话。

你要去做的

读一读下面的故事，故事讲的是一个男孩是怎样学会讲真话的。

科学狂人唐纳德

很久以前，有一个聪明的小男孩，他的名字叫唐纳德。唐纳德的梦想是成为一个科学家。他喜欢谈论和科学有关的事情以及关于自己将来成了一个多么伟大的科学家的畅想。

星期一的时候，他会说起自己研究昆虫的计划。星期二，他计划要成为一名宇航员。星期三，是讨论火山的时间。星期四，他很愿意和别人聊一聊自己未来打算如何研究鲨鱼和海豚。而到了星期五，他炫耀说自己要设计一个机器人。他说："我要做一个会替我写作业，陪我玩，给我讲笑话，还有帮我系鞋带的机器人。"

唐纳德学校里的男孩女孩们对于这样一个什么都会做的机器人非常感兴趣。那天下午，老师宣布说每一个学生都要完成一个项目去参加学校的科学会展。下周五的时候，班上的每个人都要对全班展示自己的成果，并且讨论自己都学到了什么。

唐纳德的朋友曼努放学后对他说："你应该把你的机器人造出来参加科学会展！"

"不知道。"唐纳德说，心里偷偷担心自己根本不知道怎么造机器人该怎么办。

接着他的朋友马克说："这主意太棒了。你为什么不造那个机器人呢？除非你不会……"

"我当然会啦。"唐纳德立刻说。

那一周的周末，唐纳德想了又想，到底怎么造机器人呢。他在房间里四处翻找有用的东西：橡胶条，曲别针，纸卷筒还有胶水。用蓝色的铅笔画了个草图后，他读了一本关于机器人的书。这时唐纳德才发现，科学家们造机器人之前都要花费很多很多年来学习。然而，就这么告诉学校里其他的孩子他根本造不出任何机器人实在很丢人。

接下来的整整一周，其他的男孩女孩们总是在问："今天机器人怎样了？它能动了吗？它给你系过鞋带没有？"

"嗯，嗯，可以了，"唐纳德每天都这么说，"机器人真的很神奇。它无所不能。"唐纳德说完这个谎话之后立刻后悔了。事情的真相是不管他有多努力，他也根本造不出来一个会走路或者会说话的机器人。

最后在科学会展的前一天，唐纳德在自己的房间里。他盯着自己惨兮兮的小机器人。唐纳德用一个麦片盒做成了机器人的身体，绑垃圾的带子做成了触须，衣架做成了胳膊和腿，塑料杯做成了眼睛。经过辛苦的制作，唐纳德已经很累很累了，而他心里扔担心着明天还要去学校的事。每个人都能看出这个机器人什么都不是，而他也不是什么科学家。

第二天早上，唐纳德恳求母亲不要让自己去上学。"你看！"他指着那个体型不匀称的机器人。仅过了一晚，它的一只胳膊就已经掉了下来。唐纳德感觉糟透了——大家都期待看到的是一个能走路会说话的机器人，而他欺骗了他们。

　　他的母亲说道："唐纳德，告诉我，到底怎么了？"

　　"我跟大家说我做的机器人可以走路会说话，所以我是真的不想去学校，"他说，"大家都以为我长大会变成一个了不起的科学家，可是一旦他们看到这个，就再也不会相信我了。"看起来异样悲惨的机器人的另一只胳膊也掉了下来。唐纳德忍不住哭了起来。

　　母亲提醒他当初就不应该对朋友们撒谎。"我知道了。"唐纳德说，希望自己和朋友们说过要造机器人比自己想象中困难。

　　"伟大的科学家、画家、老师、雕刻大师，都需要通过不断的练习来学习，"妈妈说，"即使成果并不尽如人意也没有关系，只要你努力了，而且在过程中也吸收了经验和教训。除了撒谎这件事，这其中也没有什么可羞耻的。比起撒谎说自己做了哪些没做过的事情，直接承认自己在吹牛要更好一些。撒谎总会让情况变得更糟。"

　　唐纳德带着自制的机器人去了学校。他站在全班同学的面前，把机器人摆在了桌子上。然后说道："这是我的机器人。它还不会做我想要它做的那些事情。我被自己的想象冲昏了头。这才是事情的真相。"

　　寓意：拥有出众的想象力是好事，但是不能因此吹牛说谎。被人发现自己在撒谎是很尴尬的，而把事实说出来往往能让事情回到正轨。

活动27

更多要做的……

你觉得什么是小孩撒谎的最普遍的原因？举一个例子。

_____

_____

_____

想一想什么是造成成年人撒谎的最普遍的原因？举一个例子。

_____

_____

_____

你认为是否在任何情况下都有可能总是讲真话？

_____

_____

_____

小孩能撒的性质最恶劣的谎言是什么？

_____

_____

_____

学会倾听与关爱

撒谎的结果

小贴士

当你不把真相说出来时，可能会惹出严重的麻烦，你可能会因此变得既孤单又不幸。没人相信总是说谎话的人，而当你失去人们的信任时，他们会关心你的可能性也就变小了。

你可能听过那个喊"狼来了"的孩子的寓言。那个放羊娃觉得假装有狼来了很有趣，因为可以看见他的家人还有村子里的村民们跑出来准备打狼。他假装有狼来了，喊了一遍又一遍，随之人们开始不把他的喊声当回事了。然后有一天，真的有狼来到了村庄。但当那个孩子拼命大叫想找人来救他的时候，村庄里的村民们没人理睬他的叫喊。你大概知道后来发生了什么吧。那个男孩被狼抓走了，再也没人见过他。

在现实生活中，你撒谎的后果可能没那么夸张，但有时撒谎的结果可能非常糟糕。

我认识一个男孩，他拿关于自己的成绩报告书的事向父母撒谎。他告诉父母老师好几个月都没有发过成绩报告书了，而实际上，成绩报告书就藏在他的床下，上面有他所有的失分记录。因为从开学开始，这个男孩就从来没有完成过作业。（他告诉父母老师不认为布置作业有利于学习，也是一个谎言）。但是他忘记了，成绩报告书必须由父母签字然后返还到学校。因为成绩报告书没有被送回，男孩的老师打电话给他的父母，双方约了一次家长会面。当男孩的父母发现自己的孩子成绩糟糕而且还撒谎时，他们非常震怒。在以后的三个月内，这个孩子被禁止看电视，而且他的家长还让他每天都要在自己的眼皮下面餐桌上写作业，每天都要写满两个小时。

你的任务．思考你的言行可能造成的后果。

你要去做的

接下来你会看到孩子撒的不同的谎话。写下你认为这些谎言可能引发的后果。

谎言
"我已经喂过狗了。"
会发生什么？

_____

_____

谎言
"嗯，我好好地刷过牙了。"
会发生什么？

_____

_____

谎言

"我们这周没有听写小测验。"

会发生什么?

_____

_____

谎言

"马蒂说他觉得你傻瓜透顶。"

会发生什么?

_____

_____

更多要做的……

你听到过的最坏的谎言是什么?

_____

_____

你有没有哪次说过谎之后什么坏事也没有发生?

_____

_____

你觉得有没有可能发生了什么,但是你完全不知道?可能发生了什么?

_____

_____

苏珊总会撒点小谎。她告诉自己的朋友说自己假期去迪斯尼乐园玩了,实际上她没有去。她告诉自己的钢琴老师说自己每晚都坚持练琴,事实上她一般一周只练习一次。你认为苏珊长大后会怎样?

_____

_____

避免他人的不良影响

小贴士

　　有时你认识的孩子可能会做一些不该做的事情，比如戏弄其他小孩、偷东西，甚至损毁别人的财物。你也可能会有一个或者一群朋友想要你去做你明知是错误的事情。

别的孩子可能会给你很大压力让你和他们一样犯一些错误。他们可能会把你叫做"小娃娃"或者用其他的方式戏弄你。也许他们会说，不想再和没意思的你一起玩了。他们会努力让你产生这样的感觉——你没有做跟他们一样的事是不对的。

即使可能会很困难，你也要坚持原则，错误的事情就不要去做。

当有人想要你去做一些你知道是不对的事情时，要记得下面几条：

- 找个成年人谈一谈是与非的问题。
- 要相信自己，相信自己的想法是正确的。
- 要勇于为自己的权利挺身而出，不要理会旁人的闲言碎语。
- 不要让想变得受欢迎的想法改变你的决定。
- 找一些志同道合的朋友。

你的任务：学会如何抵抗来自朋友的压力。

你要去做的

画一幅画，内容是另外一个孩子想让你做一些你知道是错误的事情。那个孩子想要你做什么？

现在把你解决这个问题的情形画下来。

学会倾听与关爱

更多要做的……

你认识的孩子里有人会做不好的事情吗？他们为什么会这样做？

_____

_____

西德尼的朋友想要她喝口啤酒。他们说就喝一口没关系的。如果你是西德尼的话，你会说些什么呢？

_____

_____

马修用永久性的记号笔在桌子上做了个记号。然后他把笔递给了你，让你也在自己的课桌上留个记号。你应该怎么做？

_____

_____

如果你为了取悦朋友要做一些错事，你为此感到担忧你会和谁倾诉这一苦恼呢？

_____

_____

活动30

不告而取谓之窃

> ## 小贴士
>
> 拿走属于别人的东西的后果是很严重的。偷窃总是错误的，不管你有没有被发现。青少年不会因为盗窃被抓进监狱，但是他们要面对严厉的惩罚。

就好像谎言有不同的种类，属于别人的物品也有不同的级别。

从橱柜里偷吃父母禁止你吃的饼干是不对的。父母给你定下的规矩必须遵守，而一旦打破这些规矩你就可能被罚。

从学校里其他孩子的玩具小屋里拿走玩具是很不对的，丢失玩具的孩子可能会很不开心。你会因此受到学校的处罚甚至被禁足。从商店里偷糖果更加严重，可能会招来警察和你"谈心"。习惯性偷东西的儿童会被送上法庭，由一位法官来决定采用什么手段帮助他停止盗窃行为。

孩子们偷东西的原因多种多样，但不管是什么原因盗窃都是错误的。而几乎所有偷东西的孩子都会受罚。

你的任务：对自己发誓你永远也不会偷东西——并且遵守自己的誓言。

你要去做的

编一个故事,关于一个为了想要送自己最好的朋友生日礼物而偷了电子游戏的男孩。一定要包含这个男孩学到的教训哦。

故事

_____

_____

_____

_____

_____

_____

_____

_____

教育意义

_____

_____

_____

活动30

更多要做的……

婴儿不知道拿别人的东西是不对的。你觉得一个孩子长到多大才会知道拿别人的东西是不对的？是谁告诉你偷东西是不对的呢？

_____

_____

_____

你偷拿过别人的东西吗？后来怎样了？

_____

_____

_____

有些成年人会偷别人的财物，如果他们被抓住了，就会被关进监狱。这些人被称为窃贼或说小偷。你认为为什么成年人会偷东西呢？

_____

_____

_____

如果你偷走了一样属于朋友的物品而被他或她发现了，你会做什么来弥补自己的过错呢？

_____

_____

_____

学会倾听与关爱

停止戏弄别人

> ## 小贴士
> 　　很多孩子喜欢互相戏弄对方。有时戏弄只是出于玩笑，有时戏弄是想故意伤害他人，只是没有人喜欢被戏弄的感觉。

　　孩子们互相戏弄对方的方式千奇百怪。有时他们会互相辱骂，比如："你就是个野人。"

　　有时孩子会说一些捏造的事情，如："你妈妈胖得好像一座房子一样。"

　　有时孩子们会说一些真话，但是不怎么好听，如："你知道自己是全班读书最差的，对吧？"

　　有时孩子仅仅是做鬼脸或通过手势招惹别的孩子。我不知道你有没有见过这些。

　　我从来也没有遇到过喜欢被戏弄的人。戏弄别人既浅薄又粗俗。如果你去戏弄别的孩子，可能有人会觉得你很有趣，但大多数人只会觉得你这样做浅薄无聊。

你可能觉得停止戏弄别人挺难。也许你会戏弄自己的妹妹只是因为她惹到你了。可能你戏弄学校里其他的孩子仅仅是因为他们也戏弄你了。你为什么会去戏弄别人这不重要，重要的是你要停止戏弄别人。这次的活动可以帮你。

你的任务：对自己发誓你不会再戏弄别人了——并遵守你的诺言。

你要去做的

在下列情形中，想一想自己除了戏弄别人还能做些什么。

情景
班上的一个孩子骂了你。
你会怎样做？

_____

_____

情景
你的朋友们在戏弄新来的小孩。
你会怎样做？

_____

_____

情景

在学校里你穿着明显不配套的衣服（不一样颜色的袜子之类。译者注）。

你会怎样做？

_____

_____

情景

你想要加入一个小团体，成为他们的一员，但是他们经常会戏弄欺负其他

的孩子。

你会怎样做？

_____

_____

情景

你的朋友们在进行讲笑话大赛，但是所有的笑话都以嘲笑他人为乐。

你会怎样做？

_____

_____

情景

你被另外一个小孩气疯了，感觉特别想要骂他或她两句。

你会怎样做？

_____

_____

更多要做的……

你能列举一些可以戏弄其他孩子的时候吗？

_____

_____

_____

你戏弄过你的父母吗？他们对此有何反应？

_____

_____

_____

你的父母戏弄过你吗？他们做了什么？你又有什么反应？

_____

_____

_____

你认为是什么原因导致很多孩子喜欢互相戏弄对方？

_____

_____

_____

结交新朋友

> **小贴士**
>
> 了解怎样才能结交新朋友对所有人来说都是很重要的。展开一段友情的最好方法就是找到你们的共同点。

所有人都喜欢友善的孩子。当你对遇到的人打招呼同时直视他们的双眼时，就相当于你在发出一个信号，表明你是一个友善的、愿意与人相处的对象。

对于一部分孩子来说，结交新朋友不是那么容易。你很有可能认识一些有很多朋友的孩子和只有几个朋友甚至一个朋友也没有的孩子。好消息是你可以学会如何交朋友；当你实践自己学到的方法后，结识系能会变得更加容易。你学会了如何交朋友，就再也不会孤单了！

接下来是一些结交新朋友的要点，要记住哦：

- 找到你们的共同点（相同或相似的地方，兴趣爱好等等。译者注）。
- 聊一聊你感兴趣的东西。
- 提几个和他或她有关的问题。
- 要尊重和自己有不同见解的孩子。
- 要接受你不能总随心所欲的事实，并且愿意做出妥协。

活动32

你的任务：快用从这本手册里学会的方法结交新朋友，并且浇灌你们的友谊之树吧。亲密的友情需要一些努力来维持，但这是值得的。

你要去做的

观察下面一组孩子。

你想最先和谁说话，把他或她圈出来。

用方框把你觉得可能会是这几个孩子之中首领的那个孩子圈起来。

安诺德   波塔   凯莉   德布拉   伊芙

如果让你为这些孩子推荐一个活动的话，你觉得他们会喜欢什么活动呢？

_____

_____

闭上眼睛，看看你能不能记住每个孩子的名字。

学会倾听与关爱

更多要做的……

你最喜欢你朋友们的哪些地方？

_____

_____

_____

为什么有些孩子会比其他孩子更受欢迎？

_____

_____

_____

为什么有些孩子更容易交到朋友，另一些就比较费力，你是怎么想的？你觉得这是他们的教养方式所决定的，还是他们天生就有人缘？

_____

_____

_____

哈利搬到了新的环境，也转学到了新的学校。列出一些其他孩子可以做的会令他感到亲切的行为。

_____

_____

_____

活动33

要尊敬师长

> ## 小贴士
>
> 　　对待年长者要保持尊敬的态度，年长者包括你的父母，你的老师，还有在你学校工作的大人，在商店里上班的大人……总之，就是所有大人。

很多孩子不尊敬师长。

- 他们会顶嘴。
- 当大人讲话时他们不专心听。
- 他们不服从大人的指挥。
- 他们可能会说脏话甚至骂大人。

　　当然，你应该像尊敬大人一样尊重其他孩子，但是两者之间是有差别的。如果你不尊重其他孩子，很快你就会发现自己的朋友越来越少。但是一旦你表现得对大人不尊敬，你就会被惩罚而且一直会有麻烦。

　　如果你是个尊敬师长的孩子，你会发现生活更加容易。大人对你更亲热。你的父母以你为豪。你的老师给予你更多帮助并且在多种途径中表现出对你的喜爱。

　　下面是你能表现出对大人尊敬的一些方面。

学会倾听与关爱

- 总是很有礼貌。
- 当大人说话时认真倾听。
- 不插嘴，不打扰。
- 积极为大人提供帮助。
- 带着愉快的态度去做自己被要求做的事。

你的任务：不断地去想要做一个尊重他人的人要怎样做。

你要去做的

读下面的故事，故事是关于一个学会以尊重的方式和人谈话的男孩的。

爱顶嘴的巴里·巴德

从前有个男孩叫巴里·巴德，他总爱和父母顶嘴。当他顶嘴时，他的爸爸妈妈就会十分生气。有时他们会大喊大叫；有时他们会把巴里关禁闭；有时他们会把他的玩具拿走或者让他上床睡觉。但是所有这些只让巴里·巴德更加不高兴。他被惩罚的次数越多，跟父母顶嘴就越厉害。

这个情况越来越严重。巴里的父母相互指责是对方让巴里变成这么爱顶嘴的。事情糟糕到了一家人一天到晚吵得不可开交的地步。他们想知道，"什么可以让巴德一家变得和谐一些？"

最后，巴德的奶奶建议他们去找一个心理咨询师。巴德的奶奶自己就是个咨询师，她坚定地声称一旦他们学会以更好的方式和彼此谈话情况就会变好了。巴德的奶奶给他们介绍了一个她认识的第二天就可以和他们约谈的心理咨询师。

巴德先生和巴德太太很乐意去见一见可以让他们的家人彼此之间更加和睦的人。他们带上巴里开着车，一起去找巴蒂·巴纳医生了。

巴纳医生说："巴里，一定要尊重你的父母，不要跟他们顶嘴。巴德先生还有巴德太太，你们要给巴里做个好榜样，互相之间也要尊重对方。"

"现在，我要教给你们一个简单的小技巧来帮你表达你的想法。就是简单地这样说：'我觉得＿＿＿＿＿＿＿＿＿＿（你的任何感受），因为＿＿＿＿＿＿＿＿＿＿（在不责备任何人的情况下说出原因），而且我想要＿＿＿＿＿＿＿＿＿＿（说出你想要怎样）。'"

"就是这样，"巴纳医生解释道，"现在你们试一试。巴里，你先来。"

巴里说道："我觉得生气因为你们关我禁闭，因为那不公平，而且我希望你们别那么做了。"

巴里的妈妈说："我感觉好多了，你告诉了我什么让你不开心，因为我觉得我们可以一起解决这个问题。而且我希望你不高兴的时候都能对我说。"

巴里的爸爸说："我觉得我们正在进步，因为没人大喊大叫，而且我要做任何我能做到的事情来让巴里学懂得尊重人会更加快乐。"

在这次会谈后，巴德一家的气氛好像焕然一新。他们练习用巴纳博士教的尊敬对方的方式彼此说话。他们还是会有意见不统一的时候，但是他们发现争吵的频率却大大降低了。巴里很少被惩罚，而对他来说这当然再好不过了。

寓意：顶嘴是不尊重人的做法。当你和别人讲话的时候，应该永远保持礼貌和关怀。说出你的感受是什么，你想要什么还有为什么你想要这样，通常会让事情变得更顺利。

更多要做的……

你能说出什么时间对大人保持尊敬特别重要吗？

_____

_____

你觉得是什么原因让有些孩子在即使会因为自己不尊敬的态度惹来麻烦也不尊重别人呢？

_____

_____

假使你冒犯了一位警察，会有什么后果呢？

_____

_____

你能想出在哪一种情景下应该对大人更加尊敬吗？如果你表现得更加尊重别人，可能会怎样？

_____

_____

学会设身处地为他人着想

小贴士

当你会设身处地为别人着想时，就说明你开始能够理解他人的感受是怎样的了。若你对别人的感受很敏感的话，你和别人之间的关系也会逐渐变得更加投入。关心他人是人类所有情感中最重要的一种情感之一。

人们生来就有能够感受他人的感受的能力。即使是婴儿，听到别的婴儿痛哭的时候自己也会开始哭闹。就好象他们在说，"我知道你感觉不舒服，尽管我不知道为什么，也不知道该做些什么，我会陪你哭！"

同情心是人们互相帮助的重要原因。譬如，假使你听说一位朋友的祖母去世了，你知道他们肯定很伤心，也许你就会试着想要帮助他们使心情变好。

同情心也是我们做慈善捐助的原因。我们知道世界上的很多人在饥饿中生存，家里甚至没有电，我们想要帮助他们是因为我们能理解这样的生活会有多么艰难。

有同情心是自私和自我中心的反义词。它是所有人都会赞扬的特质，并且会帮助你和你生命中的所有人友好相处。

要做到有同情心并不困难。连小婴儿都能做到！

你的任务：无论何时，如果你正在和别人谈论一个严肃的话题，试着设身处地地理解一下他们的观点和感受。

你要去做的

回答下列有关别人感受的问题。

乔纳森偷偷地告诉了你一个自己家的秘密。如果你把这个秘密告诉了别人可能会怎样？

_____

_____

萨缪尔拿自己没通过的拼写考试开了个玩笑。他为什么会这么做？你觉得他实际上有什么感受？

_____

_____

玛莎的老师看起来忧心忡忡。你认为她在担心什么呢？

_____

_____

更多要做的……

你认识的哪个人特别能体谅对别人的感受呢？你为什么这么认为？

_____

_____

_____

你能列举出自己最近做的哪一件事显示了你对别人感受的关心吗？

_____

_____

_____

你是如何理解能设身处地为人着想的人很受欢迎这一事实的呢？

_____

_____

_____

如果你有一个朋友心情不好，你会做什么帮他或她振作起来呢？

_____

_____

_____

身体接触法则

小贴士

　　事实上，美国的每一所学校里都有一个"禁止身体触摸"的规矩。这意味着你不应以任何理由对其他孩子进行不恰当的身体接触。

在学校里对其他孩子进行不恰当的身体接触是不对的，但是有些孩子还是会这样做。

- 用拳打人。
- 推人。
- 掐人。
- 扎人。
- 试图去把人绊倒。
- 甚至可能去碰其他孩子的私密部位。

如果你对其他孩子进行不恰当的身体接触，这个问题是很严重的。他们可能会因此被休学甚至退学。

当然，也有好的身体接触方式。

- 你可以拥抱一位亲密的朋友或者家人。
- 你可以和人握手打招呼。
- 你可以用胳膊环住和你关系比较好的人来安慰他们。

我想你应该了解正确的肢体接触和错误的肢体接触的区别了。不做坏的身体接触是很重要的法则，你要记住并且遵守。

你的任务：注意和人交往时的身体接触法则，并且遵守它们。

你要去做的

在下面的方形框里画出三条接触法则。在图下的空白处写下你画的是什么法则。

排队时，手要放在自己身上。

例子

更多要做的……

罗纳德喜欢在课间休息时和朋友摔跤。但是老师要求他停止这种游戏，不然会惹出麻烦。为什么这样会惹出麻烦？

_____

_____

_____

莎拉想跟肖恩做好朋友。有一天她在上课跟他讨论出去玩的事，而且被老师看见了。他俩都被叫了家长。你觉得这公平吗？为什么公平或不公平？

_____

_____

_____

丹尼尔踢了帕瑞克，因为帕瑞克绊倒了他。但是因此挨批评的却是丹尼尔。你觉得这公平吗？

_____

_____

_____

如果你在操场上推人或者打人会有什么后果呢？

_____

_____

你的梦想是什么

小贴士

　　有志者，事竟成。如果你够努力的话，你很多的梦想还有愿望都是可以实现的。

　　每个人都幻想过自己想要成为什么样的人。有些孩子梦想成为摇滚明星。另一些梦想成为很棒的篮球选手。一些孩子梦想一些自己想要的或者给别人的东西。

　　一部分孩子会努力去成就自己的梦想。他们不一定会分毫不差地得到自己梦想的东西，但是他们确实有了不起的成就。即使生活中有些困扰你的问题，你也能有所成就。很多名人以及成功人士小时候家里都很贫穷，有严重的家庭问题，或者学习成绩不好。但是这些困难都没有阻碍他们。他们找到了实现自己梦想的路。你知道吗，甚至连阿尔伯特·爱因斯坦——世界上最伟大的科学家之一，年轻的时候学习成绩也很糟糕？还有沃尔特·迪斯尼，那个人设计了米老鼠，是迪斯尼乐园的建造者，还做了其他很多了不起的事情，他年轻时非常穷困，在学校里的表现也不好。

　　可是还是有些孩子觉得只要许愿和幻想就够了。他们可能在白日梦里构想自己会做或正在做哪些了不起的事情，但是从来不付出努力去实现梦想。你觉得这些孩子最终会怎样呢？

活动36

你的任务：想一想你究竟想要什么，或者想带给别人什么，以及你要如何实现自己的梦想。

你要去做的

在下面的表格里写下你对自己的期许。然后写出三件你可以做到的能让自己梦想成真的事情。

你的愿望

我的梦想记录

学会倾听与关爱

更多要做的……

如果你在一场比赛中赢得了一百万美元，你会如何使用？

_____

_____

_____

假定你赢了一百万美元，但是比赛的规定是所有的钱都必须花在别人身上。你会做些什么？

_____

_____

_____

如果你有超能力，它们会是什么样的能力？你会如何运用自己的这些能力去帮助别人？

_____

_____

_____

在现实生活中你有什么"能力"？你可以怎样运用自己的能力去帮助别人？

_____

_____

让别人知道你有多了不起

> ## 小贴士
> 每个人都有犯错的时候，每个人也都有自己的优点。有时人们更注意我们的错误和缺点而不是我们的优点。你需要通过自己的言行让人了解你的优点。

好像是人的天性如此，人们总是更容易注意别人的错误和缺点而不是优点和好处。

比如说，詹姆斯是个非常聪明的男孩，也是个杰出的篮球运动员。他幽默感很强，还有一大帮朋友。但是他不喜欢写作业。他对母亲说："写字让我头疼。"但是他的母亲只是说："太糟了，每个人都要学会如何写字。"

每天晚上，詹姆斯都想要找理由把自己的作业搪塞过去，而母亲只会越来越生气。于是他也越来越生母亲的气。他的母亲还是很清楚自己孩子有哪些优点的，但是她只关注詹姆斯写作业的问题。

你可能觉得詹姆斯的妈妈这样对待詹姆斯不好，可事实是詹姆斯也要为这个问题负责。詹姆斯做作业时不应该抱怨连连，他应该提醒自己的母亲自己的优点。

你的任务：改正你的缺点，但是也要让别人注意你的优点。

你要去做的

我最想让你知道有关我的十件事

1.

2.

3.

4.

5.

6.

7.

8.

9.

10.

活动37

更多要做的……

用十个积极的词语来形容你自己。

_____ _____

_____ _____

_____ _____

_____ _____

上个月你做了什么确实了不起的事情?

_____

_____

_____

你觉得谁是真的了解你而且欣赏你的?

_____

_____

_____

你觉得谁是特别需要知道你有哪些优点的?

_____

_____

学会倾听与关爱

你想要做到哪些事

> **小贴士**
> 在对自己生活的控制力上，你拥有的力量可能比你以为的要多得多。你可以为自己想要做到的事情做一个计划。

我敢打赌你一定很多次被人问到过这样的问题："你长大后想要做什么？"

我还敢打赌你的答案总是在变。

你可能不知道自己长大后要做的是哪种具体的工作，但是你可能知道自己想要成为哪种人，想要完成哪些事。下面的描述中，哪些说出了你想要的？

- 我想要有很多很多朋友。
- 我想要环游世界。
- 我想要住在大房子里，房间里应有尽有。
- 我想要成为一个被人尊敬喜爱的人。
- 我想要有很多孩子。
- 我想要做可以让自己自豪的事。
- 我想要做一个可以领导很多人的指挥者。

- 我想要做和动物有关的工作。
- 我想要做大事，制作或者发明伟大的东西。

你选择的描述是由你的价值观决定的，价值观即你觉得生命中什么东西是重要的。了解自己的价值观有利于决定你的选择和行为。知道自己想要什么能帮助你得到它。

你的任务：思考你想要成就的事情，以及你需要怎样做才能成为自己想要做的那种人。

你要去做的

把下面的书架用你长大后将会成就的奖杯和奖章填满。确保你会把它们之中每一个的来由都写下来。

更多要做的……

你说一说到目前为止，自己最了不起的成就是什么？

_____

_____

_____

你拥有的哪一种特别的天资能帮你达成新的成就？

_____

_____

_____

长大后你想要做哪一种名人？解释你的回答。

_____

_____

_____

长大后你又想要成为哪一类普普通通的人？解释你的回答。

_____

_____

_____

活动39

寻求帮助

小贴士

要改变你的行为可能很困难，但是如果有一位大人为你提供指引就会容易得多。

很多成年人都能帮助你改变自己的行为，除了你在这本书中学的那些。他们可以是：

- 父母
- 老师
- 咨询师
- 祖父母还有其他家庭成员
- 教练
- 牧师
- 指导人

大多数孩子会觉得和有些人倾诉比和其他人更容易些。有时，父母是能帮助你的最佳人选，但其他时候你可能得从一个不太熟悉的人那里寻求帮助，比如一位咨询师。咨询师（有时还有老师和一些其他的大人）在帮助孩子处理问题方面经过专业的训练，他们知道该做些什么。

学会倾听与关爱

你要做到的第一点就是要信任想要帮助你的人。他们说的话你不一定总是爱听，但是他们可以指导你做出让你快乐和成功的选择。

你的任务：至少找到一位当你在某些问题上需要帮助时，可以向他或她寻求帮助的大人。

你要去做的

在下面的图画里，填上两个你可以在需要时寻求帮助的人。然后把得到需要的帮助后的自己画出来。

我最好的朋友　　　　　　　　我最好的朋友

更多要做的……

你认为是什么原因导致有些人即使在需要帮助时也不向人求助?

_____

_____

_____

在哪个问题上你可以寻求帮助?

_____

_____

_____

谁能最完美地帮你解决那个问题?

_____

_____

_____

你什么时候会向人寻求自己需要的帮助?

_____

_____

_____